RÉSUMÉ

HISTORIQUE ET STATISTIQUE

DU

SERVICE DES POSTES

AU

JAPON

PAR

LA DIRECTION GÉNÉRALE DES POSTES ET DES TÉLÉGRAPHES

———— ◆ ————

TOKIO

IMPRIMERIE IMPÉRIALE
32me ANNÉE DE MEIJI (1899).

RÉSUMÉ

HISTORIQUE ET STATISTIQUE

DU

SERVICE DES POSTES

AU

JAPON

PAR

LA DIRECTION GÉNÉRALE DES POSTES ET DES TÉLÉGRAPHES

———— •◆• ————

TOKIO
IMPRIMERIE IMPÉRIALE
32ᵐᵉ ANNÉE DE MEIJI (1899).

AVANT-PROPOS.

1.   Ce résumé comprend des renseignements sur le service de la poste aux lettres, des colis postaux, des mandats de poste et de la caisse d'épargne postale, depuis leur création jusqu'à l'exercice de l'année fiscale 1898, avec des tableaux statistiques pour chaque année.

2.   Les renseignements statistiques se rapportant aux différents services postaux à Formose sont indiqués séparément à la fin de chaque tableau pour faciliter les comparaisons.

3.   Les renseignements qui font l'objet du résumé portent sur les années fiscales actuelles à partir de 1887 ; mais ceux qui concernent les années précédentes portent sur les années civiles, sauf les recettes et les dépenses qui y sont toujours portées d'après les années fiscales.

4.   Le nombre des bureaux de poste et des agences postales, l'étendue des routes postales, le nombre des déposants et le montant des sommes versées à la caisse d'épargne postale représentent le recensement du 31 Decembre pour les années civiles et celui du 31 Mars de l'année suivante pour les années fiscales, et pour les autres, il est procédé à un dénombrement pendant 12 mois.

5.   La somme et la distance inscrites aux tableaux sont calculées, pour la première, en francs et pour la seconde, en kilomètres à raison de 1 franc par 40 sen, et 1 kilomètre par 9 chô 10 ken.

Tokio, le 27 Juillet 1899.

TABLE DES MATIÈRES.

1ᴱᴿᴱ PARTIE.

POSTES.

2ᴱᴹᴱ PARTIE.

MANDATS DE POSTE.

3ᴱᴹᴱ PARTIE.

CAISSE D'ÉPARGNE POSTALE.

4ᴱᴹᴱ PARTIE.

RECETTES ET DÉPENSES 22

RÉSUMÉ

HISTORIQUE ET STATISTIQUE DU SERVICE

DES

POSTES AU JAPON.

1ÈRE PARTIE.

POSTES.

CHAPITRE I.

Historique.

Le service de la poste d'après le système européen fut inauguré au Japon au mois de mars 1871, par l'établissement de la poste aux lettres, entre Tokio, Kioto, Osaka et Yokohama.

Un service assez régulier de transport des correspondances officielles existait depuis fort longtemp au Japon. Quant aux correspondances privées, elles étaient transportées par des messagers de villes et ce service depuis la période de Kambun (16ème siècle) prit une importance de plus en plus grande. C'est à cette époque que fut organisé le service des messageries dans les principales villes de l'Empire, et c'est à ces entreprises privés que fut confié le transport de la correspondance privée jusqu'à l'établissement de la Poste aux lettres.

En 1871, eut lieu la première émission de timbres-poste et les règlements postaux furent établis. L'exécution des règlements et la vente des timbres-poste furent placés sous la surveillance des Gouverneurs de départements.

Au fur et à mesure que le fonctionnement de ce service se régularisa, les routes postales furent étendues jusqu'à Kobe, Nagasaki, Niigata, Hakodaté, etc. Le journal officiel, les journaux, les livres et les échantillons de marchandises furent aussi traités comme les envois de la poste aux lettres.

En 1872, les routes postales furent étendues à presque toutes les villes de l'Empire. A cette époque les taxes postales n'étaient pas encore uniformes, elles étaient perçues d'après les distances parcourues ; il existait, en outre, une différence de taxe entre les envois circulant dans le rayon d'une même ville, ceux destinés à être distribués en dehors de ce rayon et ceux qui sont expédiés par les autorités locales et distribuables dans les limites d'un district administratif.

En 1873, en vue d'éviter tous les inconvénients inhérents à la perception des taxes en vigueur, un tarif uniforme, sans égard à la distance parcourue, fut adopté à l'exception des envois soumis aux différentes taxes spéciales mentionnées ci-dessus. La même année, le transport des lettres par les entreprises privées fut aboli et devint le monopole exclusif de l'Etat. Les cartes postales ainsi que les enveloppes et les bandes timbrées furent alors émises pour faciliter le moyen de correspondance. De sorte qu'enfin, la poste du Japon est organisée d'une manière très satisfaisante.

Une convention concernant l'échange des dépêches fut conclue, en 1874, avec les Etats-unis de l'Amérique du Nord et mise à exécution à partir du mois de Janvier de l'année suivante.

Le Gouvernement japonais, ayant eu le désir de développer le service de la poste en dehors de l'Empire, a établi, en 1875, un service régulier de paquebots-poste entre le Japon, Shanghai et les ports chinois voisins. En 1876, les bureaux de poste japonais ont été établis en Chine et en Corée.

Le Gouvernement Japonais a adhéré, en 1877, à l'Union Postale Universelle ; cette adhésion, si avantageuse aux relations internationales, a donné au Japon de grandes facilités pour les communications postales avec les pays étrangers.

En 1878, les délégués du Japon au Congrès Postal Universel de Paris ont signé la Convention principale de l'Union Postale Universelle qui a été conclue au dit Congrès et est entrée en vigueur à dater du mois d'Avril de l'année suivante.

Un arrangement concernant l'échange des colis postaux fut conclu, en 1879, avec l'Administration des postes de Hongkong et mis à exécution l'année suivante.

En 1882, toutes les localités de l'Empire furent reliées par des routes postales, et des bureaux de poste atteignirent un nombre inconnu jusqu'alors. Les règlements de la poste, modifiés plusieurs fois, étant devenus de plus en plus inapplicables, furent remplacés la même année, par une nouvelle loi postale qui abolit les diverses taxes spéciales mentionnées plus haut et consacra le principe d'une taxation uniforme.

En 1883, l'Administration des postes, en vue d'améliorer le service d'exploitation, modifia le mode de direction des services locaux. Le pays entier fut alors divisé en plusieurs districts postaux, dans chacun desquels fut établie une succursale de l'Administration centrale chargés de la surveillance des services locaux confiés depuis plusieurs années aux Gouverneurs de départements.

En 1885, les cartes postales avec réponse payée furent émises. La même année, les délégués envoyés au Congrès Postal ouvert à Lisbonne y ont signé les actes additionnels conclus au dit Congrès, lesquels ont été mis en vigueur au mois d'Avril de l'année suivante.

En 1886, en vue d'améliorer le système de surveillance des services, les succursales de l'Administration centrale, établies dans les districts postaux, furent changées aux Directions départementales des postes auxquelles l'Administration attribua, sur une grande échelle, les pouvoirs administratifs de la poste dans leur circonscription.

La fusion des postes et des télégraphes offrant des avantages considérables à l'exploitation et permettant de faire des économies, des bureaux de poste et ceux de télégraphe ont été réunis peu à peu.

En 1889, les pouvoirs administratifs des postes furent confiés aux bureaux de postes et télégraphes de 1ère classe, à la suite de la suppression des Directions départementales des postes. La même année, la loi postale fut révisé en vue de réduire de moitié la taxe de publications périodiques appartenant aux envois de la 3ème Catégorie, d'augmenter la limite maximum des poids de livres, dessins, plans et d'échantillons de marchandises relevant de la 4ème catégorie, de classer les semences de produits agricoles à la 4ème catégorie, et enfin de réduire la taxe applicable aux envois appartenant à la dernière catégorie.

Une convention fut conclue, en 1890, avec le Canada pour l'échange des colis postaux et mise à exécution dans le courant de la même année.

Les délégués du Japon ont été envoyés, en 1891, pour prendre part au Congrès Postal Universel réuni à Vienne et ils ont signé les

Actes conclus au dit Congrès qui sont entrés en vigueur au mois de Juillet de l'année suivante.

Le service intérieur des colis postaux, qui était l'objet d'une étude spéciale depuis plusieurs années, fut introduit en 1892. Cette innovation, si avantageuse au commerce et à l'industrie, a donné beaucoup de facilité au transport des objets de petite dimension. La taxe applicable aux colis n'est pas encore uniforme, elle est perçue au prorata du poids des colis et de la distance qu'ils ont à parcourir. De plus, les colis distribuables hors de ville étaient frappés d'une surtaxe qui fut en suite abolie.

Le règlement de la poste militaire fut établi au moment de l'expédition de l'armée japonaise en Corée au mois de juin 1894. Ce règlement indique le traitement des correspondances expédiées au Japon par les militaires, les marins et les personnes attachées aux services de la Guerre et de la Marine envoyées en pays étranger en temps de guerre et d'événements extraordinaires. Ces correspondances jouissent de la franchise postale.

Quelques mois plus tard, la guerre éclata entre le Japon et la Chine, la nécessité d'organiser le service de la poste militaire fit installer des bureaux de poste de campagne pour les correspondances des armées expéditionnaires en Chine; ces établissements donnèrent d'excellents résultats: ils étaient chargés de l'expédition des correspondances, des mandats de poste et des opérations de la caisse d'épargne postale.

L'île de Formose étant devenue possession Japonaise en vertu du traité de paix conclu entre le Japon et la Chine en 1895, le service de la poste y a été organisé au mois d'Avril 1896.

En 1895, en vue d'améliorer les produits agricoles, les semences, dont la taxe postale fut réduite de nouveau à la moitée, furent classés à la 5ème catégorie des envois postaux nouvellement créée.

En 1896, la surtaxe applicable aux colis distribuables hors de ville fut abolie, les zônes de la perception de taxes des colis postaux furent agrandis, et le maximum de la dimension des colis fut augmenté. Dans la même année, un bureau de poste Japonais fut établi a Soochow, à Hangchow et à Shashi (Chine) et l'année suivante, à Mokpo (Corée).

Le tarif postal du service international a été changé, en 1897, à l'occasion de l'adoption de l'étalon or par le Gouvernement japonais.

En 1898, la limite maximum de la dimension des envois du service intérieur a été augmentée.

Les délégués du Japon ont été envoyés en 1897, au Congrès International des Postes réuni à Washington ; les Conventions et les Arrangements, qui y ont été conclus, viennent d'être mis à exécution depuis le mois de Janvier de la présente année.

Tel est en résumé de l'histoire de la poste au Japon depuis sa création jusqu'à l'exercice de l'année fiscale 1898. Quant aux renseignements plus détaillés sur le développement des services postaux, ils sont indiqués aux chapitres ci-après.

CHAPITRE II.

Bureaux de poste et agences postales.

Les bureaux de poste, lors de la création du service de la poste, n'étaient pas divisés en classes ; c'est en 1873 qu'ils furent divisés en 4 classes auxquelles, en 1874, une autre classe dite "hors classe" fut ajoutée.

En 1875, Ces bureaux ont été divisés, de nouveau, en 5 classes. Pour les villes ayant plusieurs bureaux, l'un d'eux est dénommé bureau central et les autres, succursales.

La classification des bureaux de poste a subi, en 1886, un nouveau changement qui a réduit le nombre des classes à 3 seulement avec les succursales. Cette classification existe encore aujourd'hui. La même année, le principe de la fusion des postes et des télégraphes ayant été adopté, les bureaux de poste et ceux de télégraphe, situés dans une même ville, ont été réunis peu à peu en commençant par les localités les plus importantes où la nécessité était reconnue. Quant aux bureaux de poste non dotés du service télégraphique, on l'y a introduit et ils ont été transformés en bureau de poste et télégraphe.

Des agences postales furent établies, en 1875, dans les localités éloignées des bureaux de poste, pour la réception des objets recommandés, et les boîtes aux lettres, établies depuis la création du service de la poste pour faciliter le dépot des correspondances à la poste, ont été augmentées de plus en plus au fur et à mesure du développement du service postal.

Le nombre des bureaux de poste qui était seulement de 180 à la fin de la première année de la création du service (1871) s'est élevé à 4,325 à la fin de l'exercice de l'année fiscale 1898. Cette augmentation considérable est dûe à l'extension du service qui était limité, en 1871, aux trois grandes villes de l'Empire (Tokio, Kioto et Osaka) aux cinq ports ouverts au commerce étranger (Yokohama, Kobé, Nagasaki, Niigata et Hakodaté) et à toutes les villes situées sur les routes postales reliant les villes susmentionnées.

Les tableaux suivants indiquent le nombre annuel des bureaux de poste, des agences postales et des boîtes aux lettres depuis 1871 jusqu'à la fin de l'exercice de l'année fiscale 1898.

Année.	Nombre des bureaux de poste et des agences postales.	Nombre de kilomètres carrés, par bureau de poste.	d' habitants.	Nombre des boites aux lettres.
1871	180	2,125	183,949	158
1872	1,160	330	28,707	333
1873	1,501	255	22,402	357
1874	3,245	118	10,477	437
1875	3,586	107	9,567	667
1876	3,879	99	1)	814
1877	3,893	98	1)	904
1878	3,965	96	9,021	1,491
1879	4,193	91	8,569	1,808
1880	4,873	78	7,461	3,116
1881	5,099	75	7,198	6,481
1882	5,527	69	6,698	18,436
1883	5,652	68	6,626	24,595
1884	5,349	71	7,080	25,650
1885	4,795	80	7,956	24,905
1886	4,693	81	8,205	24,442
1887	4,523	85	8,638	24,550
1888-89	4,191	91	9,451	27,257
1889-90	4,080	94	9,802	27,195
1890-91	4,134	93	9,786	30,174
1891-92	4,240	90	9,603	33,167
1892-93	4,251	90	9,666	35,143
1893-94	4,275	89	9,681	36,383
1894-95	4,250	90	9,838	37,382
1895-96	4,240	90	9,969	38,022
1896-97	4,260	90	10,025	39,162
1897-98	4,294	89	10,114	40,890
1898-99	4,325	88	10,104	41,377

1) Le recensement n'a pas eu lieu à cause de trouble intérieure.

FORMOSE.

Année.	Nombre des bureaux de poste et des agences postales.	Nombre des boites aux lettres.
1896–97	32	80
1897–98	71	140
1898–99	71	178

Il est à remarquer que, d'après le tableau précédent, l'accroissement extraordinaire des bureaux de poste et des agences postales en 1882 et en 1883 est la conséquence des réclamations des Gouverneurs de départements, lors de l'introduction du système de payement, à forfait, des taxes postales d'après les données statistiques des correspondances expédiées par les dits départements pendant l'année précédente; mais une expérience ultérieure a démontré que l'existence d'un trop grand nombre de bureaux tend à retarder la transmission des dépêches; en outre, le choix des localités pour l'établissement des bureaux ayant été entièrement laissé à la discrétion des Gouverneurs de départements, le nombre des bureaux différait beaucoup dans des départements, résultat d'une distribution inégale. Les bureaux de poste situés dans les parties montagneuses de certaines localités ou dans des places sans importance ont été supprimés peu à peu. De ce fait, depuis 1884, ces bureaux ont diminué annuellement jusqu'à l'exercice de l'année fiscale 1890 où ils ont suivi de nouveau une progression ascendante par suite des nécessités du service.

CHAPITRE III.

Routes postales.

Les routes postales qui consistent, au Japon, en voies ordinaires, en voies ferrées et en voies d'eau (mer, lacs, rivières et canaux) étaient primitivement distinguées en routes principales et secondaires; mais elles sont divisées depuis 1883 en 3 classes: la 1ère classe comprend les routes principales établissant les communications entre les grandes villes, les principaux ports et les autres localités de première importance et formant la grande artère des communications de l'Empire; la 2ème classe comprend les routes secondaires qui s'embranchent aux routes de 1ère classe; la 3ème classe sert seulement de communications entre deux ou plusieurs localités de peu d'importance.

L'expédition et la vitesse du transport des dépêches sont réglées suivant l'importance des route postales : l'expédition a lieu, par jour, plus de deux fois sur les routes de 1ère classe, plus d'une fois sur les routes de 2ème classe, et une fois seulement sur les routes de 3ème classe. La vitesse du transport des envois postaux est fixée, pour le transport par les voies ordinaires, à trois degrés différents suivant la classification des routes et en ce qui concerne les transports par les voies ferrées, maritimes, fluviales, etc., elle est fixée selon la vitesse des véhicules employés.

Les routes postales se sont étendues de plus en plus avec l'extension des services; mais le progrès de leur développement n'est pas aussi considérable que celui de l'augmentation des kilomètres parcourus.

L'étendue des routes postales exploitées au Japon et le nombre de kilomètres parcourus annuellement, depuis le création du service de la poste, sont indiqués aux tableaux suivants :

Année.	Voie ordinaire.		Voie ferrée.		Voies d'eau.		Total.		Nombre de kilomètres parcourus par kilomètre de voie.
	Nombre de kilomètres.	Nombre de kilomètres parcourus.	Nombre de kilomètres.	Nombre de kilomètres parcourus.	Nombre de kilomètres.	Nombre de kilomètres parcourus.	Nombre de kilomètres.	Nombre de kilomètres parcourus.	
1871	1,653	959,747	—	—	106	95,904	1,759	1,055,651	600
1872	14,951	4,198,478	27	62,090	1,202	328,925	16,180	4,589,493	284
1873	19,550	7,715,131	27	248,353	1,536	626,039	21,113	8,589,523	407
1874	34,046	16,936,450	63	311,935	5,506	724,437	69,615	17,972,822	258
1875	28,877	16,396,375	63	343,770	13,545	1,339,314	42,485	18,079,459	426
1876	38,582	19,467,365	106	555,960	13,875	1,553,071	52,563	21,576,396	410
1877	35,703	21,330,192	106	768,151	18,207	1,449,812	54,016	23,548,155	436
1878	37,474	29,327,157	106	631,427	19,778	1,786,980	57,358	31,745,564	553
1879	42,696	30,567,562	106	803,061	17,115	1,712,998	59,917	33,083,621	552
1880	46,511	33,723,192	122	952,961	26,929	2,181,066	73,562	36,857,219	501
1881	49,421	36,500,079	153	1,002,392	27,715	3,073,421	77,289	40,575,892	525
1882	52,786	39,067,602	153	1,009,289	26,870	3,223,266	79,809	43,300,157	543
1883	53,906	37,283,581	153	1,134,240	27,581	4,556,512	81,240	42,924,333	528
1884	51,844	38,419,386	275	1,208,516	26,383	5,586,573	78,502	45,214,475	576
1885	46,868	37,576,330	361	1,460,016	24,302	5,742,817	71,531	44,779,263	626
1886	46,460	36,914,876	507	1,597,611	26,356	4,640,108	73,323	43,152,095	588
1887	45,721	39,745,940	542	1,968,090	24,708	4,260,093	70,971	45,974,123	648
1888–89	44,563	40,857,409	1,414	3,426,813	24,549	4,522,655	70,526	48,806,877	685
1889–90	44,001	40,470,643	1,716	2,811,668	28,791	6,083,970	69,508	49,366,281	710
1890–91	44,304	41,682,388	2,227	3,861,503	25,461	6,328,062	71,992	51,871,953	721
1891–92	44,500	43,627,075	2,726	5,067,996	26,580	6,462,991	73,806	55,158,062	747
1892–93	45,336	45,758,389	2,887	5,949,775	31,084	6,777,762	79,307	58,485,876	737
1893–94	46,185	48,134,555	2,997	6,556,688	44,107	6,965,843	93,289	61,657,086	661
1894–95	45,855	48,576,413	3,224	7,130,847	45,725	7,007,272	94,804	62,714,532	661
1895–96	45,466	48,573,051	3,601	7,931,328	45,278	6,986,866	94,345	63,491,245	673
1896–97	46,220	49,196,871	3,845	8,675,966	47,602	7,830,294	97,667	65,203,131	668
1897–98	45,164	49,058,517	4,607	9,709,518	46,601	6,967,127	96,372	65,785,162	682
1898–99	45,694	50,149,392	5,534	10,516,649	46,913	7,290,604	98,141	67,956,645	692

FORMOSE.

Année.	Voie ordinaire.		Voie ferrée.		Voies d'eau.		Total.		Nombre de kilomètres parcourus par kilomètre de voie.
	Nombre de kilomètres.	Nombre de kilomètres parcourus.	Nombre de kilomètres.	Nombre de kilomètres parcourus.	Nombre de kilomètres.	Nombre de kilomètres parcourus.	Nombre de kilomètres.	Nombre de kilomètres parcourus.	
1896–97	766	248,981	101	145,108	1,061	41,071	1,928	435,160	226
1897–98	923	671,438	145	191,109	1,493	104,722	2,561	967,269	378
1898–99	734	565,441	401	288,795	1,422	125,222	2,557	979,458	381

La diminution graduelle de l'étendue des routes postales exploitées sur les voies ordinaires, maritimes, fluviales, etc. depuis 1884 jusqu'en 1889 peut être attribué à la suppression et à la réunion des bureaux dont nous avons parlé à l'égard des bureaux de poste. D'un autre côté, les lignes du chemin de fer ayant pris une extension constante, elles ont été choisies naturellement pour la transmission rapide des dépêches de préférence aux routes ordinaires. La diminution des routes susmentionnées depuis 1894–95 est dûe aussi à l'extension des chemin de fer.

CHAPITRE IV.

Envois de la poste aux lettres.

L'accroissement annuel des envois de la poste aux lettres est remarquable au Japon. Le nombre des correspondances qui, à la première année de la création du service de la poste d'après le système européen, n'était que de 565,934, s'est élevé, l'année suivante, à 2,510,656 ; car le service postal, qui était limité, la 1ère année, à quelques villes importantes de l'Empire, prit, dès la seconde, du développement par suite de l'extension des routes postales et de la réduction des taxes applicables aux envois postaux.

En 1873, le chiffres des envois postaux a été à peu près le quadruple de celui de 1872, et en 1874, le double de celui de l'année précédente. La cause de ces augmentations rapides doit être attribuée à l'adoption du système de taxation uniforme sans égard à la distance à parcourir, à l'interdiction du transport des lettres par les entreprises privées, à l'augmentation considérable des bureaux de poste et enfin à l'accroissement de l'emploi des cartes postales émises à la fin de l'année précédente.

L'augmentation en nombre des correspondances est immense, telle qu' elle vient d'être indiquée ci-dessus, pendant les premières

10

années de la création du service; mais elle fut moin considérable en
1875, les travaux à exécuter pour l'extension et l'amélioration des
services ayant subi, cette année-là, une relentissement.

Le nombre des correspondances avant 1882, a présenté encore
une augmentation d'environ 20 % ; mais de 1883 à 1886, le taux de
l'accroissement a diminué subitement d'une façon considérable, surtout
en 1885 ; la cause principale fut la crise que subit le commerce et
l'industrie ; cependant cet état de choses ne fut que momentané. Le
mouvement postal ayant repris de l'activité depuis 1887, le nombre des
correspondances a augmenté, annuellement, de plus de 10 %, excepté
pendant ces deux dernières années (1897 et 1898).

La guerre entre le Japon et la Chine en 1894—95 a donné lieu
aussi à un accroissement des correspondances.

Le taux de l'accroissement en 1897 et en 1898 n'a pas été aussi
fort que celui des années précédentes ; ces deux années suivant celles
où l'augmentation fut la plus considérable en raison de la guerre avec
la Chine et de la conquête de Formose.

L'échange des dépêches avec les pays étrangers a commencé, en
1875, à la suite de la conclusion d'une convention postale entre le
Japon et les Etats-Unis de l'Amérique du Nord. Antérieurement l'expédition et la réception des correspondances étaient effectuées par
l'intermédiaire des bureaux de poste anglais, américain et français
établis dans les ports ouverts au commerce étranger. Depuis que des
lignes de paquebots-poste Japonais ont été ouvertes entre le Japon, la
Chine, la Corée et Vladivostok, le nombre des correspondances internationales s'est accru constamment.

L'adhésion du Japon en 1877 à l'Union Postale Universelle a
facilité, de plus, le moyen de correspondre avec tous les pays du
monde. Il est bien connu que la Convention de l'Union Postale
Universelle est le résultat de la délibération du Congrès Postal International primitivement ouvert, en 1874, à Berne. Trois ans après, le
Japon a adhéré à cette Convention.

En 1878, les délégués du Japon ont été envoyés pour la première
fois, au second Congrès Postal tenu la même année, à Paris. Le Japon
a toujours été représenté par les délégués aux Congrès réunis en 1885
à Lisbonne, en 1891 à Vienne et en 1897 à Washington.

Les tableaux suivants indiquent le nombre des envois de la poste aux lettres transportés annuellement depuis la création du service jusqu' à l'exercice de l'année fiscale 1898.

Année.	Nombre des envois du service intérieur.	Nombre des envois du service international.		Total.	Augmentation.	Nombre par habitant, des envois expédiés.
		Expédition.	Réception.			
1871	565,934	—	—	565,934	—	—
1872	2,510,656	—	—	2,510,656	84,36	—
1873	10,550,902	—	—	10,550,902	32,03	—
1874	19,937,423	—	—	19,937,423	8,90	1
1875	25,834,748	163,423	143,403	26,141,574	3,11	1
1876	32,031,174	189,124	171,562	32,391,860	2,39	1
1877	37,792,032	268,235	180,265	38,240,532	1,80	1
1878	45,290,858	213,418	139,859	45,644,135	1,94	1
1879	55,778,692	268,537	190,641	56,237,870	2,32	2
1880	67,713,369	299,856	508,823	68,522,048	2,18	2
1881	83,762,956	414,206	572,266	84,749,428	2,37	2
1882	98,867,874	459,938	599,556	99,927,368	1,79	3
1883	107,380,232	874,264	632,646	108,387,142	0,85	8
1884	112,448,049	414,259	549,885	113,411,693	0,46	3
1885	114,632,111	440,554	596,348	115,669,013	0,20	3
1886	120,739,083	526,373	683,676	121,949,132	0,54	3
1887	136,053,358	601,916	862,877	137,518,151	1,28	3
1888–89	163,884,822	709,828	946,409	165,541,059	2,04	4
1889–90	191,932,244	833,709	1,174,631	193,940,584	1,72	5
1890–91	223,233,093	893,438	1,228,819	225,355,350	1,62	6
1891–92	248,359,265	839,889	1,116,497	250,315,651	1,11	6
1892–93	276,901,410	904,333	1,486,184	279,291,927	1,16	7
1893–94	319,740,556	1,155,337	1,583,509	322,479,402	1,55	8
1894–95	391,104,564	1,418,898	1,818,268	394,331,730	2,23	9
1895–96	444,302,976	2,081,734	2,458,750	448,843,460	1,38	11
1896–97	500,790,557	2,569,125	2,531,111	505,890,793	1,27	12
1897–98	548,060,448	2,855,295	2,700,212	553,615,955	0,94	13
1898–99	602,412,288	2,934,266	2,801,401	608,147,955	0,99	14

FORMOSE.

Année.	Nombre des envois du service intérieur.	Nombre des envois du service international.		Total.	Augmentation.
		Expédition.	Réception.		
1896–97	5,210,022	9,583	17,674	5,237,279	—
1897–98	6,791,106	18,112	38,817	6,848,035	3,08
1898–99	7,412,478	16,381	57,871	7,486,730	0,93

CHAPITRE V.
Colis postaux.

Le service de la poste n'est pas limité au transport des lettres, il est chargé aussi de la transmission des articles d'argent et des colis de petite dimension pour faciliter les transactions du commerce et de l'industrie. L'Administration des postes ayant reconnu, depuis plusieurs années, la nécessité d'établir le service des colis postaux comme celui des mandats de poste, a inauguré ce service intérieur au mois d'Octobre 1892. Les bureaux de poste ouverts à ce service, lors de sa création, furent seulement au nombre de 287 et le nombre des colis postaux transportés ne fut que de 40,975 ; mais au fur et à mesure que le nombre des bureaux fut augmenté, les taxes des colis réduites, et les moyens de transport améliorés, ce service s'est accru annuellement d'une façon considérable.

Le service international des colis postaux a commencé en 1879 et le premier échange a été effectué avec Hongkong en même temps que celui des mandats de poste. Plus tard, des conventions concernant l'échange des colis postaux ont été conclues successivement avec le Canada en 1890, avec l'Allemagne en 1894, avec l'Angleterre en 1896 et avec la France en 1898. La limite des poids, des dimensions et des volumes ainsi que les taxes applicables aux colis sont différentes suivant les pays avec lesquels les colis sont échangés. Le nombre des colis échangés s'est aussi accru d'année en année. Les tableaux ci-après indiquent le nombre des colis des services intérieur et international. Il est à remarquer que le nombre des colis du service intérieur pendant l'exercice de l'année fiscale 1892, étant celui des colis transportés depuis la création du service, c'est-à-dire depuis le mois d'Octobre de la même année, ne peut être comparé avec celui de l'année suivante à cause de l'inégalité de la durée du service, il est aussi impossible, pour la même raison, de comparer le nombre des colis transportés à Formose pendant 1896-97 avec celui de l'année suivante, le service n'y ayant été inauguré qu'au mois d'Août 1896.

Année.	Nombre des colis postaux du service intérieur.	Nombre des colis postaux du service international.		Total.	Augmentation.	Nombre, par 100 habitants, des colis postaux expédiés.
		Expédition.	Réception.			
1892–93	40,682	73	220	40,975	—	1
1893–94	734,615	101	246	734,962	—	2
1894–95	1,206,849	190	369	1,207,408	6,43	3
1895–96	1,686,977	358	1,449	1,688,784	3,99	4
1896–97	2,737,138	1,274	3,444	2,741,856	6,24	5
1897–98	4,104,453	4,035	8,039	4,116,527	5,01	10
1898–99	4,911,919	4,581	6,293	4,922,793	1,96	11

FORMOSE.

Année.	Nombre des colis postaux du service intérieur.	Nombre des colis postaux du service international.		Total.	Augmentation.
		Expédition.	Réception.		
1896–97	83,571			83,571	—
1897–98	109,896	—	—	109,896	—
1898–99	164,729	—	—	164,729	5,05

2ÈME PARTIE.

MANDATS DE POSTE.

CHAPITRE I.

Historique.

Les mandats de poste étant une des branches importantes du service postal, l'Administration des postes avait eu l'intention de créer ce service en 1871, lors de l'établissement du service de la poste aux lettres; mais le moment n'était pas favorable à l'exécution de ce projet.

En 1873, le projet de règlement du service des mandats de poste fut élaboré; il fut publié au mois de Septembre 1874 et mis à exécution à partir du mois de Janvier 1875. C'est le commencement du service des mandats de poste intérieurs. Depuis cette époque, ce service a progressé d'une façon constante.

Le service des mandats de poste pour l'intérieur a commencé en 1875 au moyen d'une seule espèce de mandat, le mandat ordinaire; mais en vue d'accorder, au public, la facilité d'envoyer des fonds plus rapidement et de transmettre les plus petites sommes par la voie postale, le mandat télégraphique et le bon de poste furent créés en 1885.

La limite du montant des mandats de poste diffère suivant les catégories. Pour le mandat ordinaire, le maximum a été fixé à 30 yen (75 francs) et le minimum à 1 sen (2 ½ centimes) par le règlement de 1874. Après divers changements ultérieurs, la loi postale de 1882 stipule que le montant d'un mandat ordinaire expédié par une même personne et adressé à une même personne ne peut excéder 30 yen (75 francs) par jour si le mandat est payable au même bureau de poste. Le maximum d'un mandat télégraphique est le même que celui du mandat ordinaire; mais le minimum en est fixé à 1 yen (2 francs 50 centimes); quant au maximum d'un bon de poste, il est de 3 yen (7 francs 50 centimes).

Les taxes payables sont aussi différentes suivant la catégorie des mandats.

Le service international des mandats de poste fut inauguré en 1880, en conséquence de la conclusion d'un Arrangement entre le Directeur général des postes du Japon et celui de Hongkong. Quelques années après, des Arrangements concernant l'échange des mandats de poste ont été conclus successivement avec la Grande-Bretagne, la France, les Etats-Unis de l'Amérique du Nord, l'Italie et le Canada.

En 1885, le Japon a adhéré à l'Arrangement concernant le service international des mandats de poste; les pays contractants avec lesquels le Japon échange actuellement les mandats de poste d'après cet Arrangement sont: l'Allemagne, l'Autriche-Hongrie, la Belgique, la Bulgarie, le Luxembourg, la Roumanie et la suisse. Pour les autres pays, l'échange se fait par l'intermédiaire de l'Administration des postes de la Grande Bretagne et celle de Hongkong.

CHAPITRE II.

Bureaux de poste et agences postales admis au service des Mandats de poste—Mandats émis et payés.

Pendant la 1ère année de l'introduction du service des mandats de poste, ce service ayant été limité à quelques villes importantes de l'Empire, le nombre des bureaux et des agences postaux autorisés à émettre et à payer les mandats fut seulement de 222 et le nombre des mandats émis de 115,703 d'une valeur totale de Fr. 5,310,365; mais ce service des mandats a pris d'année en année, une extension analogue à celle de la poste aux lettres. Le nombre des bureaux et des agences s'est élevé, à la fin de l'exercice de l'année fiscale 1898, à 3,407, et celui des titres émis à 6,338,456 représentant une valeur totale de Fr. 140,502,449.

Cette augmentation est dûe à ce fait que l'Administration des postes a introduit le service non seulement à presque tous les bureaux de l'intérieur du Japon et de Formose; mais encore aux bureaux Japonais ouverts en Chine et en Corée.

Le service international des mandats de poste, ouvert primitivement en 1880 aux bureaux de Tokio, Kioto, Osaka, Yokohama, Kobé, Nagasaki et Hakodaté, fut introduit, en 1885, à 120 bureaux nouveaux.

16

/ En 1892, tous les bureaux chargés du service des mandats de poste intérieurs ont été admis à participer au service international, sauf les succursales et les bureaux établis en Corée et à Shanghai. Ce dernier bureau est autorisé pourtant à l'échange des mandats avec les Etats-Unis de l'Amérique du Nord.

Depuis l'introduction du dit service en 1880, le montant des mandats émis annuellement a subi des alteratives de hausse et de baisse, tandis que clui des mandats payés a Constamment augmenté.

Pendant l'exercice de 1898, le nombre des titres émis par le Japon a été de 4,414 d'une valeur totale de Fr. 283,489 et celui des titres payés au Japon, de 15,078 représentant une valeur totale de Fr. 2,169,718.

Pendant les 9 premières années du fonctionnement de ce service, c'est-à-dire de 1880 à 1888 le montant des mandats émis a excédé de plus du double celui des mandats payés; mais depuis 1889, on a constaté que ce dernier s'est augmenté subitement. Depuis 1891-92, le taux de cette augmentation toujours croissante s'est élevé, même pendant l'exercice de l'année fiscale 1898, à plus de 18 fois le montant des mandats émis durant la même année. Ce fait est dû principalement au développement du commerce et de l'industrie au Japon.

Voici les renseignements statisques concernant le mouvement annuel des mandats de poste depuis sa création.

Année.	Nombre des bureaux et des agences admis au service des mandats de poste.	Mandats de poste du service intérieur. Titre. nombre.	Valeur. francs.	Service international. Emission. Titre. nombre.	Valeur. francs.	Service international. Payement. Titre. nombre.	Valeur. francs.	Total. Titre. nombre.	Valeur. francs.	Augmentation ou diminution. Titre. nombre.	Valeur. francs.
1875	222	115,703	5,310,365	—	—	—	—	115,703	5,310,365	—	—
1876	309	257,443	12,950,553	—	—	—	—	257,443	12,950,553	Aug. 12,25	Aug. 14,89
1877	309	202,624	6,731,698	—	—	—	—	202,624	6,731,698	Dim. 2,71	Dim. 9,24
1878	370	223,077	8,306,955	—	—	—	—	223,077	8,306,955	Aug. 1,01	Aug. 2,34
1879	458	275,162	10,350,773	—	—	—	—	275,162	10,350,773	„ 2,33	„ 2,46
1880	619	350,483	13,126,010	71	2,563	45	1,863	350,599	13,130,436	„ 2,74	„ 2,68
1881	678	489,568	19,138,005	129	4,735	41	2,675	489,738	19,145,415	„ 3,97	„ 4,58
1882	313	630,713	22,970,655	316	13,925	108	5,698	631,137	22,990,278	„ 2,89	„ 2,01
1883	384	663,353	19,126,250	364	14,688	133	6,285	663,850	19,147,223	„ 0,52	Dim. 2,01
1884	386	704,365	17,127,443	446	22,243	201	12,230	705,012	17,161,916	„ 0,62	„ 1,16
1885	386	833,305	17,776,426	903	47,738	318	21,145	834,526	17,845,309	„ 1,84	Aug.. 0,40
1886	945	1,237,950	22,308,166	1,479	86,993	579	57,938	1,240,008	22,433,097	„ 4,88	„ 2,57
1887	946	1,441,363	27,823,750	1,895	126,078	849	55,198	1,444,107	27,505,026	„ 1,65	„ 2,26
1888-89	1,014	1,689,929	32,326,876	2,136	144,000	997	62,443	1,698,062	32,532,819	„ 1,72	„ 1,15
1889-90	1,014	1,888,730	36,381,628	2,322	171,600	1,443	102,788	1,887,495	36,656,016	„ 1,15	„ 1,83
1890-91	1,340	2,202,333	42,833,228	2,744	187,050	2,071	175,888	2,207,148	43,201,111	„ 1,69	„ 1,79
1891-92	2,124	2,605,116	51,787,600	2,432	161,823	2,980	273,175	2,610,528	52,222,598	„ 1,83	„ 2,09
1892-93	2,276	2,944,622	59,681,136	2,309	149,845	3,957	409,248	2,950,888	60,250,229	„ 1,30	„ 1,15
1893-94	2,488	3,372,036	71,401,860	2,429	171,998	6,100	601,565	3,379,565	72,175,428	„ 1,45	„ 1,20
1894-95	2,495	4,022,903	85,083,618	2,442	198,660	7,314	948,528	4,032,659	86,180,806	„ 1,93	„ 1,87
1895-96	2,500	4,486,346	106,023,554	3,319	229,100	10,226	1,390,188	4,499,891	107,645,842	„ 1,16	„ 2,50
1896-97	3,095	4,825,149	110,283,270	3,581	234,570	11,097	1,451,623	4,839,827	111,974,463	„ 0,76	„ 0,40
1897-98	3,185	5,548,486	107,343,655	3,960	272,038	12,953	1,824,583	5,565,349	128,445,276	„ 1,49	„ 1,47
1898-99	3,349	6,068,233	181,600,091	4,343	279,288	15,078	2,169,718	6,087,654	134,049,097	„ 0,94	„ 0,44

FORMOSE.

Année.	Nombre des bureaux et les agences admis au service des mandats de poste.	Mandats de poste du service intérieur. Titre. nombre.	Valeur. francs.	Service international. Emission. Titre. nombre.	Valeur. francs.	Service international. Payement. Titre. nombre.	Valeur. francs.	Total. Titre. nombre.	Valeur. francs.	Augmentation ou diminution. Titre. nombre.	Valeur. francs.
1896-97	29	106,545	3,931,498	—	—	—	—	106,545	3,931,498	—	—
1897-98	50	244,965	9,004,904	—	—	—	—	244,965	9,004,904	Aug. 12,99	Aug. 12,90
1898-99	58	270,223	8,902,858	71	4,201	—	—	270,294	8,906,559	„ 1,03	Dim. 0,11

3ÈME PARTIE.

CAISSE D'ÉPARGNE POSTALE.

CHAPITRE I.
Historique.

Les caisses d'épargne postales furent créées au Japon en 1875. L'Administration des postes, en vue de développer cette institution, fit répandre alors dans le public le principe de l'épargne postale qui développe l'idée de prévoyance et d'économie ; le taux de l'intérêt accordé aux déposants fut augmenté peu à peu et toutes les facilités furent accordées pour les opérations de versement et de remboursement.

En 1882, le règlement spécial de la caisse d'épargne postale, établi en 1875, a été remplacé par une nouvelle loi postale introduisant beaucoup d'améliorations dans le fonctionnement de la dite caisse.

Grâce à l'encouragement donné constamment par l'Administration et au développement des idées de prévoyance et d'économie dans le public, les opérations de la caisse d'épargne postale ont pris depuis 1885 une extension considérable.

De 1885 à 1888, les bureaux de poste Japonais établis en Chine et en Corée ont été admis au service de la caisse.

En 1890, une nouvelle loi spéciale sur la caisse d'épargne postale a été promulguée. D'après cette loi le maximum de crédit par compte y compris l'intérêt est fixé à 500 yen (1,250 francs) ; une disposition concernant l'achat et la garde des rentes sur l'Etat est établie par la même loi pour donner aux clients qui le désirent la possibilité de faire des dépôts dépassant le maximum de 500 yen.

Les sommes déposées à la caisse d'épargne postale prirent alors un accroissement extraordinaire et tel qu'on fut forcé de réduire le taux de l'intérêt et de limiter la somme à verser ; mais le développement de l'idée d'épargne a inspiré l'établissement du règlement relatif aux caisses d'épargne privées.

Les caisses d'épargne privées furent successivement ouvertes au public et ce fait eut un grand retentissement sur les caisses d'épargne postales, le taux de l'accroissement annuelle des sommes versées à ces dernières caisses devint de plus en plus faible ; tandis que le montant des sommes déposées aux caisses d'épargne privées prit un développement rapide. Toutefois, c'est au service de la caisse d'épargne postale qu'on doit attribuer le mérite d'avoir fait naître en public l'idée de faire l'épargne si utile à la vie sociale.

L'Administration des postes, en vue d'encourager toujours l'épargne postale, a simplifié, dans la mesure du possible, les opérations de versement et de remboursement et a augmenté, en 1898, le taux de l'intérêt. D'un autre côté, le service de la caisse d'épargne postale a été ouvert, en 1896, dans tous les bureaux de poste à Formose lors de l'établissement du service de la poste aux lettres.

CHAPITRE II.
Bureaux de poste et agences postales ouverts au service de la caisse d'épargne postale—Montant des sommes versées et remboursées.

A la fin de la première année du fonctionnement des caisses d'épargne postales, le nombre des bureaux de poste et des agences postales ouverts à ce service, qui était seulement de 22, dut être augmenté graduellement. Cette augmentation fut très remarquable en 1885 où le nombre des bureaux et des agences s'éleva, à la fin de la même année, à 4,338 représentant presque le triple celui de l'année précédente. Mais l'expérience a démontré que l'augmentation exagérée de ces établissements ne produit pas un accroissement proportionnel de dépôts; d'ailleurs l'existance de tel nombre des bureaux et des agences entraine naturellement des dépenses assez considérables. En conséquence, à dater de 1886, les bureaux de minime importance furent supprimés successivement. C'est ainsi qu'à la fin de l'exercéce de l'année fiscale 1890, le nombre total des bureaux et des agences a été réduit, ce qui fait ressortir une diminution de 1,547 sur le nombre de ceux existant en 1885, malgré cette diminution, les opérations de versement et de remboursement ont continué d'augmenter de plus en plus. Quelques années plus tard le nombre des bureaux et des agences a été de nouveau augmenté.

Avant 1885, l'Administration des postes avait fait de grands efforts pour encourager l'épargne postale en augmentant les bureaux et en élevant le taux de l'intérêt des dépôts; le montant des sommes déposées s'éleva, à la fin de la dite année, à Fr. 22,625,638 corrcspon-

20

dant à 216 fois celui des sommes déposées à la fin de 1876. Malgré
la diminution des bureaux et des agences postaux et la réduction du
taux de l'intérêt depuis 1886, les sommes versées se sont élevées à Fr.
72,413,568 à la fin de 1895. Il est toutefois à observer que pendant
les deux années de 1889 et de 1890, le montant des sommes rembour-
sées a dépassé celui des sommes versées à cause des innondations qui
ravagèrent plusieurs provences de l'Empire. Durant les 3 années
suivantes, les dépôts augmentent de nouveau, puis diminuent annuellement excepté 1895.

L'établissement des caisses d'épargne privées depuis 1893 et la
guerre entre le Japon et la Chine en 1894 ont incontestablement
contribué à produire ces diminutions.

En somme, il y a lieu de se féliciter grandement de ce que l'idée
de l'épargne s'est généralement développée.

Les tableaux suivants indiquent les opérations des caisses
d'épargne postales et privées.

CAISSE D'ÉPARGNE POSTALE.

Année.	Nombre des bureaux et des agences ouverts au service de la caisse d'épargne postale.	Versement.		Remboursement.		Somme et déposant à la fin des années.			
		Nombre.	Somme. francs.	Nombre.	Somme. francs.	Somme. francs.	Augmentation ou diminution.	Nombre des déposants.	Augmentation ou diminution.
1875	22	10,642	50,308	1,140	13,388	38,060	—	1,843	—
1876	89	24,898	104,503	7,343	41,263	104,613	Aug. 15,38	4,442	Aug. 14,10
1877	175	28,589	223,973	8,951	85,010	250,848	„ 13,93	5,761	„ 2,97
1878	405	80,734	754,738	4,131	315,110	715,725	„ 18,59	14,187	„ 14,54
1879	652	189,972	1,100,525	9,095	633,890	1,235,288	„ 7,26	26,473	„ 8,73
1880	810	314,180	1,370,293	18,130	1,033,820	1,655,280	„ 3,40	36,126	„ 3,65
1881	1,016	227,158	1,592,015	23,157	1,311,848	2,054,848	„ 5,18	38,974	„ 0,79
1882	1,389	228,436	1,920,093	23,296	1,485,555	2,645,560	„ 2,87	46,211	„ 1,86
1883	1,468	389,742	4,715,565	27,800	1,869,350	5,743,755	„ 11,71	87,014	„ 8,83
1884	1,469	694,728	11,720,460	51,142	4,971,945	18,151,218	„ 13,07	141,202	„ 6,23
1885	4,338	1,124,893	16,925,183	90,868	8,893,825	22,625,638	„ 7,20	293,297	„ 10,77
1886	3,110	1,932,173	31,062,905	167,722	16,599,083	38,655,135	„ 7,08	490,337	„ 6,72
1887	3,067	1,723,830	27,253,550	203,082	22,065,415	45,533,205	„ 1,78	568,849	„ 1,60
1888–89	3,053	1,910,669	27,244,083	285,281	22,931,168	50,355,423	„ 1,06	706,340	„ 2,42
1889–90	3,011	2,131,619	27,979,453	323,508	28,893,828	49,941,048	Dim. 0,08	784,242	„ 1,10
1890–91	2,791	2,091,686	26,437,633	385,674	28,383,825	47,994,855	„ 0,39	813,721	„ 0,38
1891–92	2,863	2,268,821	30,654,288	373,842	25,286,335	53,362,803	Aug. 1,12	876,722	„ 0,77
1892–93	2,929	2,475,569	32,386,445	432,997	28,684,096	57,065,150	„ 0,69	947,934	„ 0,81
1893–94	3,023	2,943,296	38,830,480	484,700	30,506,883	65,388,748	„ 1,46	1,060,235	„ 1,18
1894–95	3,027	2,917,490	36,297,300	557,036	36,932,783	63,508,312	Dim. 0,29	1,108,712	„ 0,46
1895–96	3,030	3,281,062	45,819,483	578,699	38,159,228	72,413,568	Aug. 1,40	1,228,085	„ 1,03
1896–97	3,468	3,240,809	42,704,779	661,017	44,575,501	70,627,993	Dim. 0,25	1,273,368	„ 0,41
1897–98	3,532	2,954,552	34,186,345	670,352	48,351,763	64,385,642	„ 0,97	1,253,638	Dim. 0,15
1898–99	4,271	2,553,807	24,973,388	650,365	37,197,877	55,012,763	„ 6,06	1,240,880	„ 1,03

FORMOSE.

Année.	Nombre des bureaux et des agences ouverts au service de la caisse d'épargne postale.	Versement.		Remboursement.		Somme et déposant à la fin des années.			
		Nombre.	Somme. francs.	Nombre.	Somme. francs.	Somme. francs.	Aug-mentation.	Nombre des déposants.	Aug-mentation.
1896–97	29	25,744	876,600	3,007	220,235	571,218	—	5,847	—
1897–98	50	54,442	1,497,928	13,367	994,267	1,007,066	7,63	10,966	8,75
1898–99	58	67,951	1,575,008	20,054	1,377,417	1,214,532	2,06	14,697	3,40

CAISSES D'ÉPARGNE PRIVÉES.

Année.	Nombre des caisses d'épargne.	Somme. francs.	Augmentation.	Nombre des déposants.	Augmentation.
1893	24	14,978,911	—	162,974	—
1894	31	17,269,820	1,53	240,547	4,76
1895	92	30,445,670	7,63	586,891	14,40
1896	193	45,622,650	4,98	1,098,027	8,71
1897	312	63,483,633	3,91	1,736,368	5,81
1898	429	72,164,037	1,35	2,222,861	2,80

4ÈME PARTIE.

RECETTES ET DÉPENSES.

Les recettes et les dépenses postales, qui ont suivi une progression annuelle presque constance et parallèle à l'augmentation des correspondances, se sont élevés, en 1898, pour les recettes à Fr. 21,039,343 et à Fr. 18,178,250 pour les dépenses.

Pendant les 15 premières années de la création du service de la poste, les recettes étaient généralement insuffisantes pour couvrir les dépenses résultant des travaux nécessaires pour le développement et l'amélioration des services; mais depuis 1886, le contraire s'est produit : les recettes ont dépassé constamment les dépenses et en 1897, l'excédant de la recette s'est élevé à plus de Fr. 4,700,000.

La balance entre les recettes et les dépenses effectuées annuellement est indiqué au tableau suivant.

Année.	Recettes. francs.	Dépenses. francs.	Dépenses par 100 francs de recettes. francs.
1871	44,940	103,790	231
1872	163,947	240,900	147
1873	564,308	527,626	93
1874	842,115	1,019,733	121
1875 (6mois)	623,238	1,115,516	179
1875–76	1,458,820	2,744,289	188
1876–77	1,723,072	1,989,078	115
1877–78	2,024,581	1,920,938	95
1878–79	2,372,250	2,135,416	90
1879–80	2,919,882	2,820,484	97
1880–81	3,559,321	3,369,307	95
1881–82	4,030,518	3,865,453	96
1882–83	4,032,461	5,013,119	124
1883-84	5,683,667	5,444,255	96
1884–85	5,370,177	5,555,068	103
1885–86 (4mois)	3,998,138	4,322,133	108
1886–87	5,632,637	4,221,858	75
1887–88	6,660,654	4,354,478	65
1888–89	6,256,041	4,872,443	78
1889–90	7,385,912	5,659,975	77
1890–91	7,757,279	7,001,667	90
1891–92	9,174,430	7,667,548	84
1892–93	9,445,020	8,148,921	86
1893–94	11,063,869	8,403,038	76
1894–95	12,967,394	9,157,301	71
1895–96	14,551,650	10,181,963	70
1896–97	16,932,093	12,599,136	74
1897–98	19,807,938	15,017,776	76
1898–99	21,039,343	18,178,250	86

Nota—L' année civile 1875 et l'année fiscale 1885-86 n'ont pas duré 12 mois, comme il est indiqué dans ce tableau, à cause du changement de la base de comptabilité. Jusqu'à 1874, la comptabilité se reglait d'après les années civiles ; de 1875 à 1885 d'après les années fiscales qui s'ouvrent au 1er juillet et se terminent au 30 juin de l'année suivante, et à partir de l'année fiscale 1886-87 d'après les années commençant au 1er Avril et finissant au 81 Mars de l'année suivante.

Les recettes et les dépenses effectuées pendant les 5 dernières années financières se répartissent de la manière suivante, entre les différents services postaux.

Année.	Poste aux lettres.		Mandats de poste.		Caisse d'épargne postal.		Colis postaux.		Total.	
	Recette. francs.	Dépense. francs.	Recette. francs.	Dépense. francs.	Recette. francs.	Dépense. francs.	Recette. francs.	Dépense. francs.	Recette. francs.	Dépense. francs.
1894-95	11,825,230	7,189,020	650,588	738,931	2,844	482,671	488,732	746,680	12,967,394	9,157,301
1895-96	13,060,469	7,958,411	785,286	811,616	2,488	527,434	703,407	884,502	14,551,650	10,181,963
1896-97	14,934,061	9,324,444	818,284	945,436	8,438	580,044	1,171,311	1,749,212	16,932,094	12,599,136
1897-98	15,852,549	10,260,658	1,018,390	1,134,370	4,024	640,638	2,932,976	2,982,109	19,807,939	15,017,775
1898-99	17,807,594	13,105,382	1,268,071	1,315,088	3,678	741,832	1,959,999	3,016,453	21,039,342	18,178,250